Das unmögliche Ausmalbuch

Das unmögliche Ausmalbuch

100 geometrische Figuren,
die dich in den Wahnsinn treiben.

Capt. Swings
geheime Bibliothek

Bibliografische Information der Deutschen Nationalbibliothek:
Die Deutsche Nationalbibliothek verzeichnet diese Publikati-
on in der Deutschen Nationalbibliografie; detaillierte bibliografische Daten sind im Internet über dnb.dnb.de abrufbar.

Alle Bilder unter Verwendung allgemein zugänglicher Quel-
len.
Auswahl und Bearbeitung durch Kevin Croo.
Herausgegeben von Melanie Koßmann

© 2021 by Melanie Koßmann
Herstellung und Verlag:
BoD – Books on Demand, Norderstedt
ISBN 9 783755 736875

Ausmalbücher sind beliebte Objekte der Entspannung. Man malt ein Mandala oder eine Landschaft bunt, lässt die Gedanken schweifen und den Kopf sich leeren. Eine wunderbare Methode.

In Captain Swings geheimer Bibliothek fanden wir allerdings ein Buch, welches dich eher verrückt werden lässt. Geometrische Figuren, die nur auf dem Papier möglich sind, eine dritte Dimension vorgaukeln, aber in dieser nicht machbar wären. Vielleicht in einer vierten oder fünften Dimension.

Einer der bekanntesten Zeichner unmöglicher Objekte, Räume und Treppen war der Holländer M.C. Escher. Aber die meisten Entwürfe des Unmöglichen stammen von dem schwedischen Künstler Oscar Reutersvärd. Ihm widmete die schwedische Post sogar eine Briefmarkenserie. Weitere berühmte Namen dieser Kunstform sind Vicente Meavilla Seguí, Sergio Burato, Konenko, Vlad Alexeev uvm.

Eine Zeichnung unserer Sammlung geht auf das Universalgenie Leonardo da Vinci zurück.

Wir haben dich gewarnt. Leg die Stifte wieder zur Seite und schau es dir in Ruhe an. Wenn du dann noch malen willst, viel Erfolg.

Kevin Croo

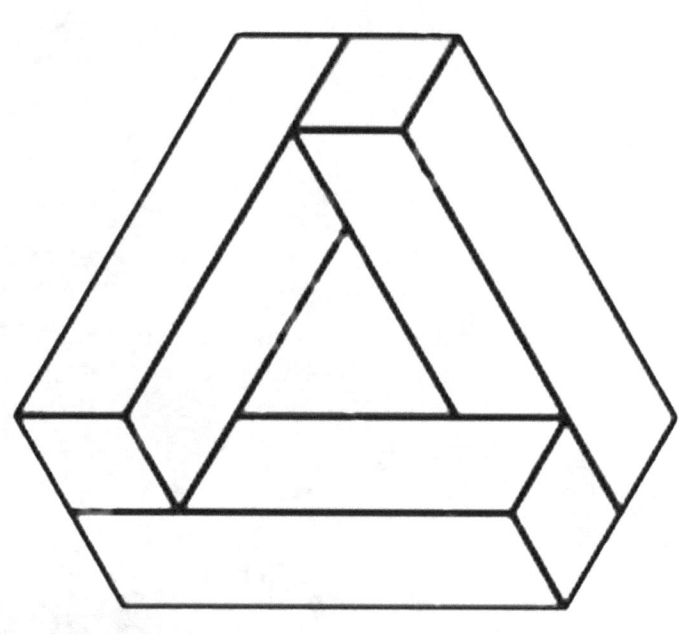

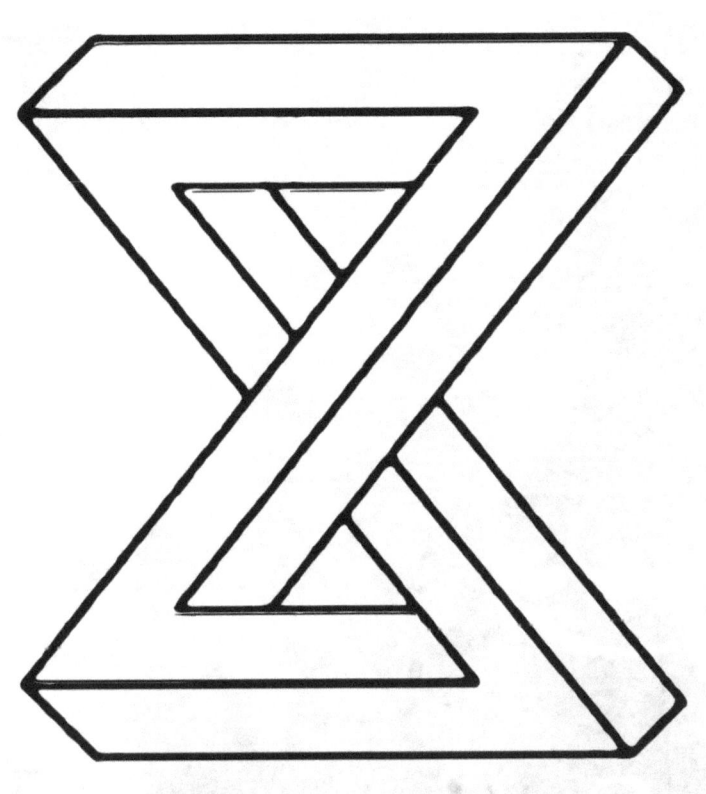

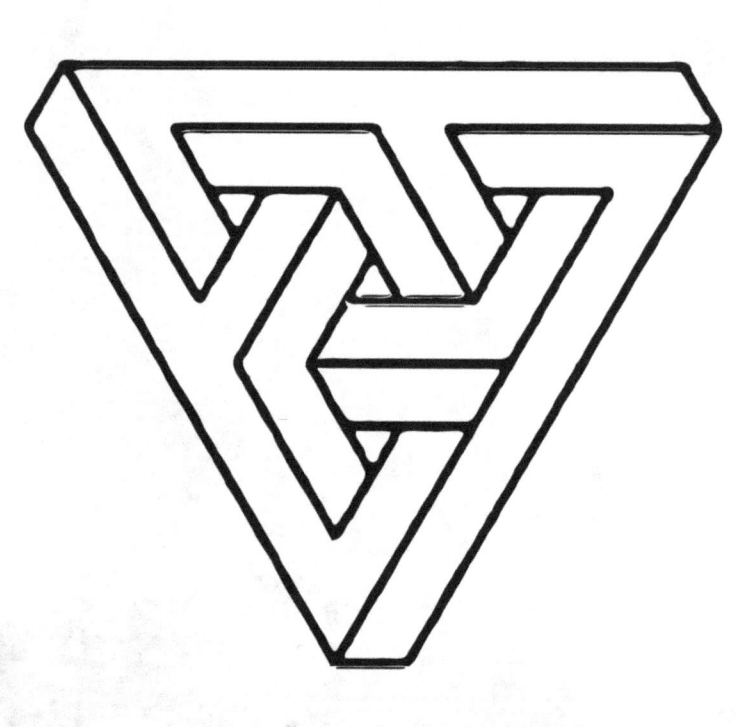

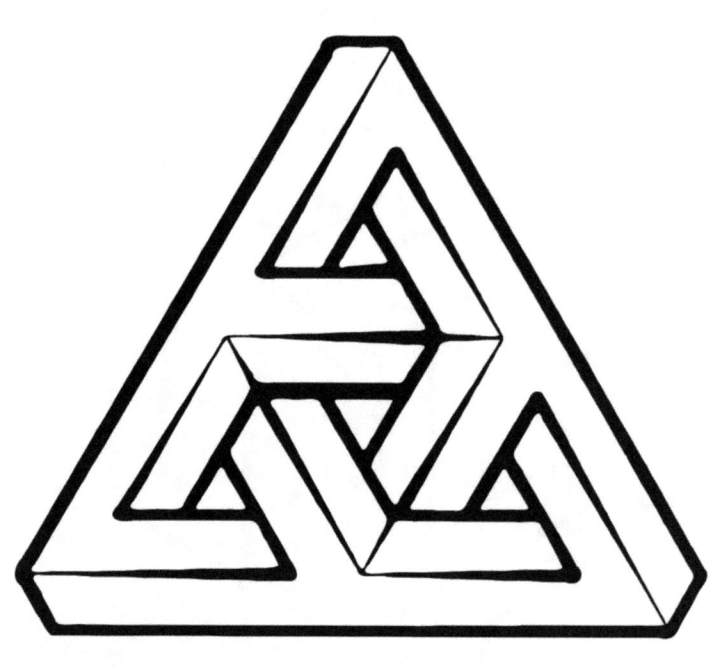

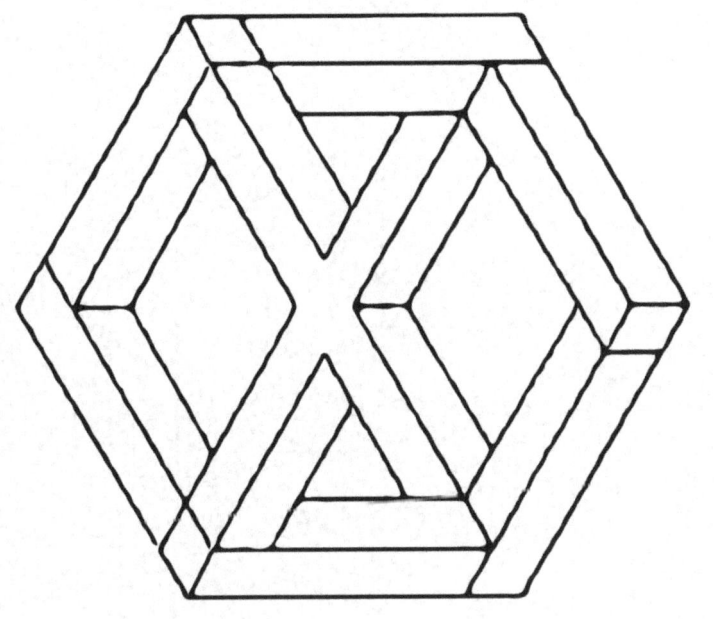

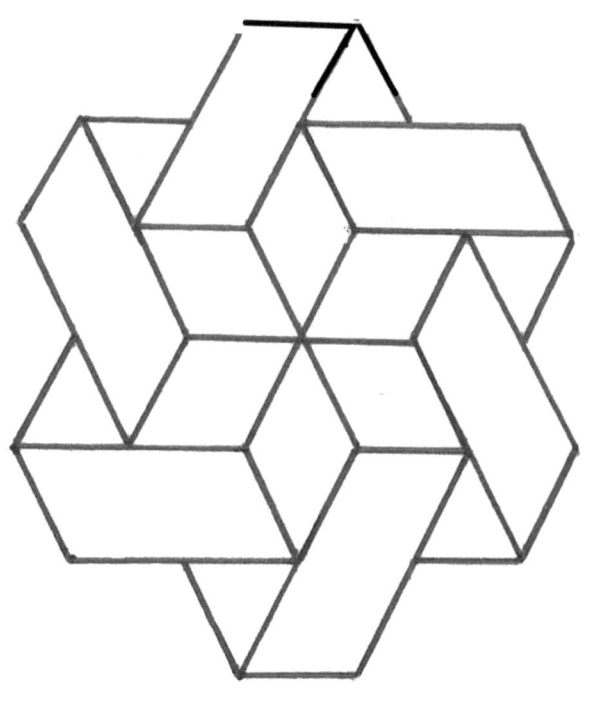

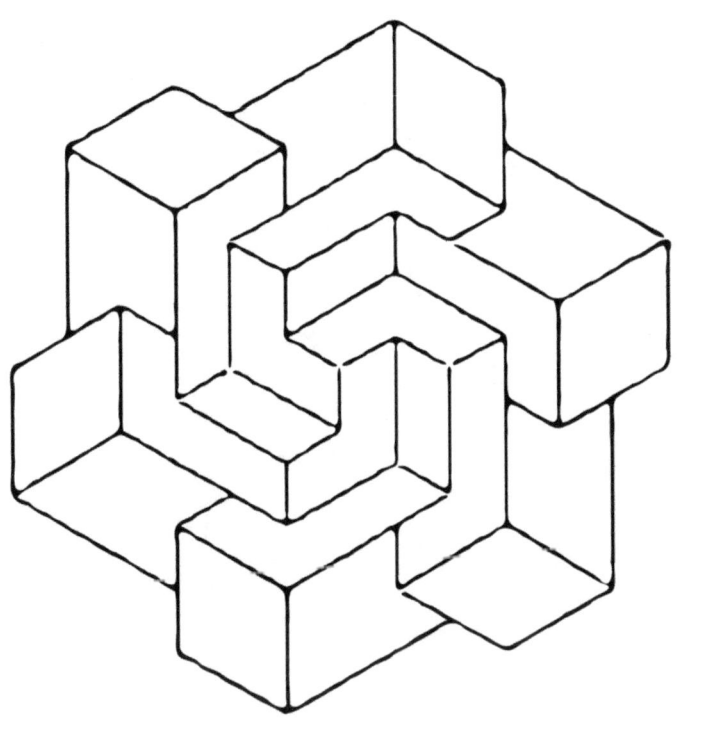

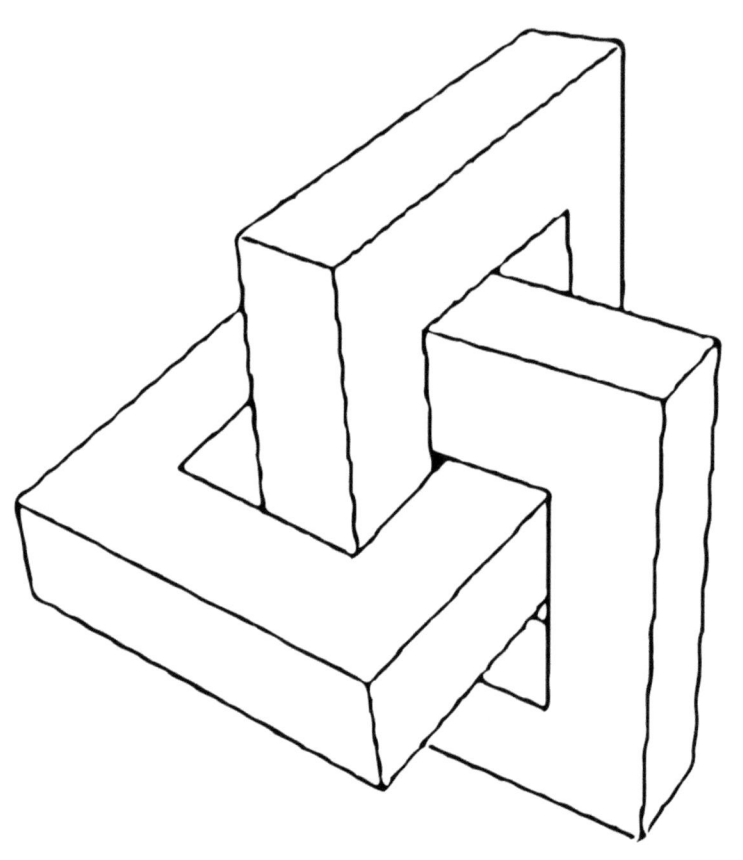

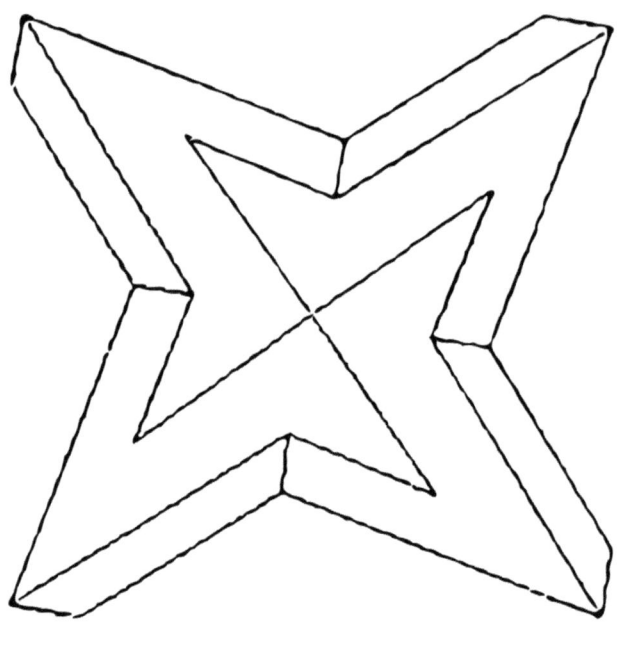

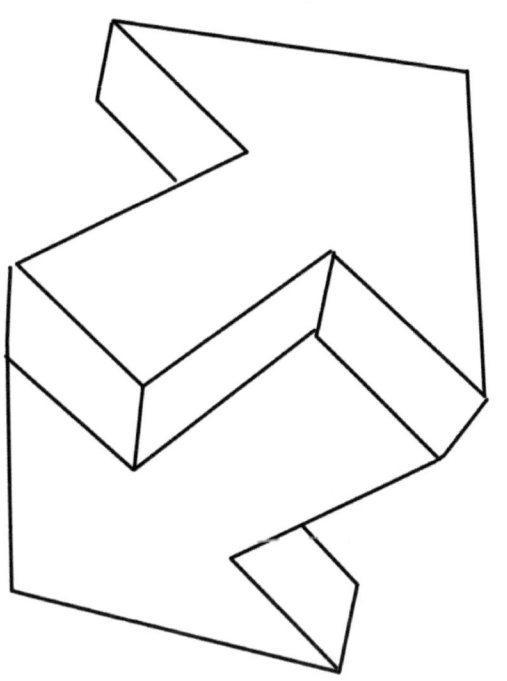

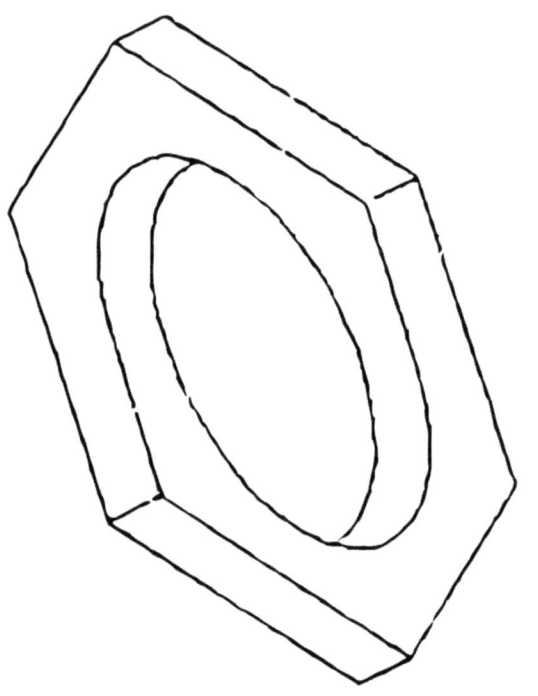

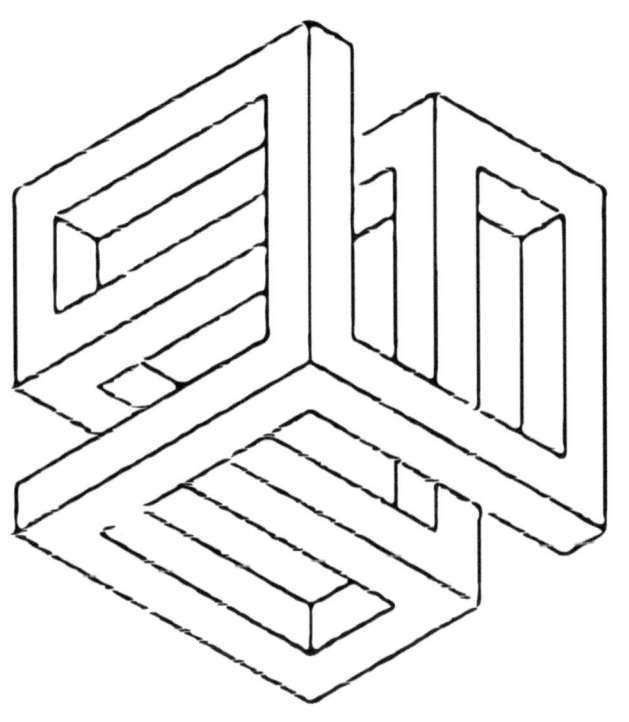

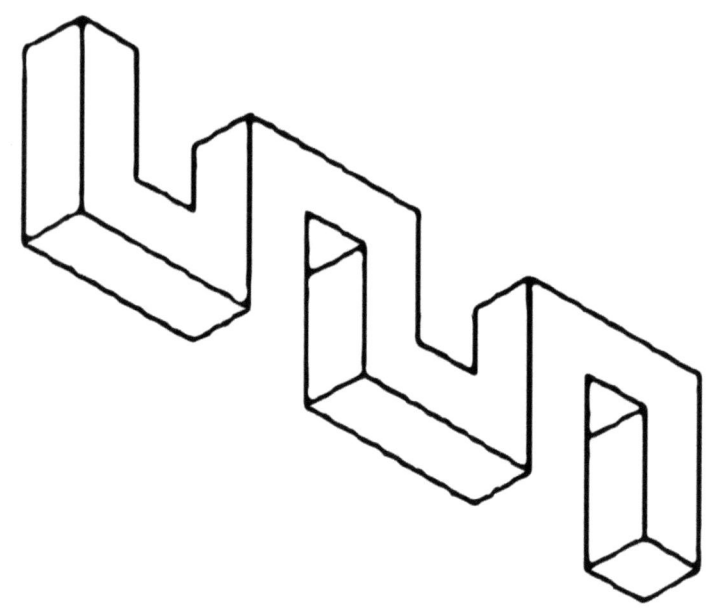

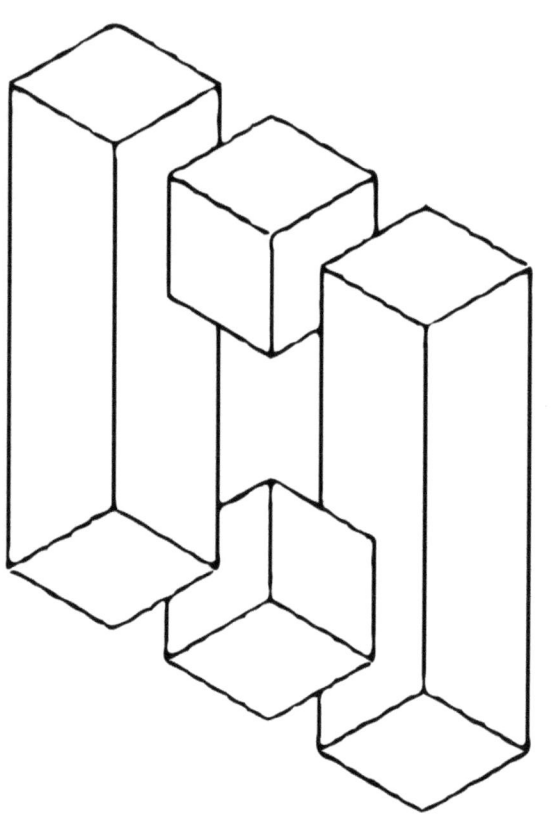

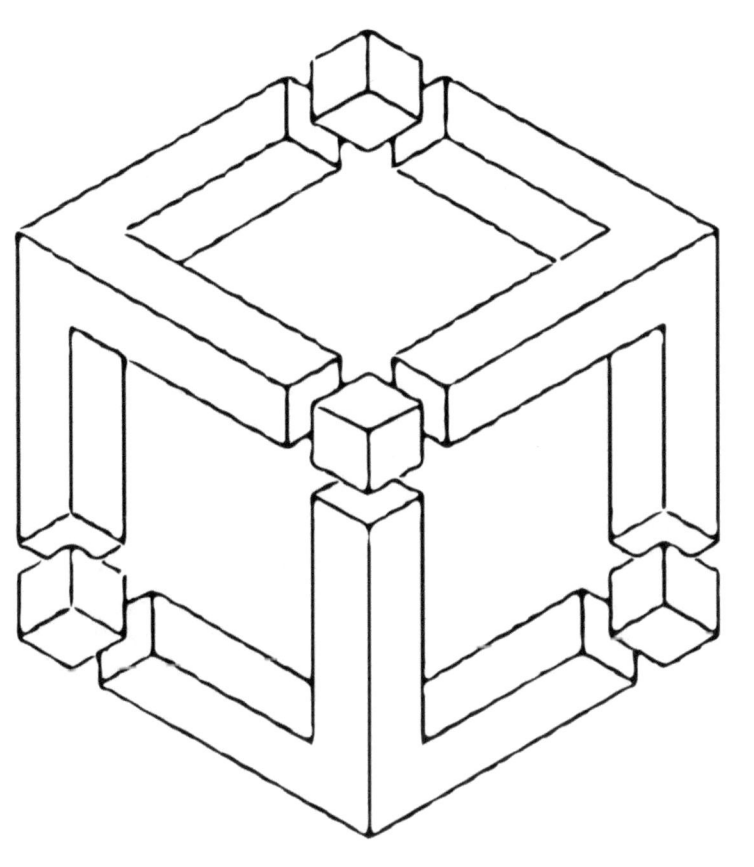

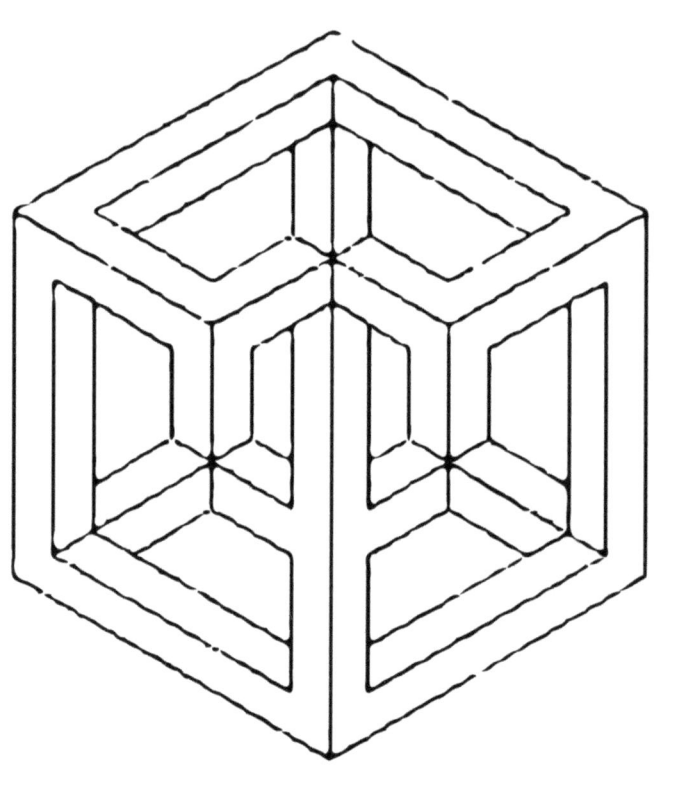

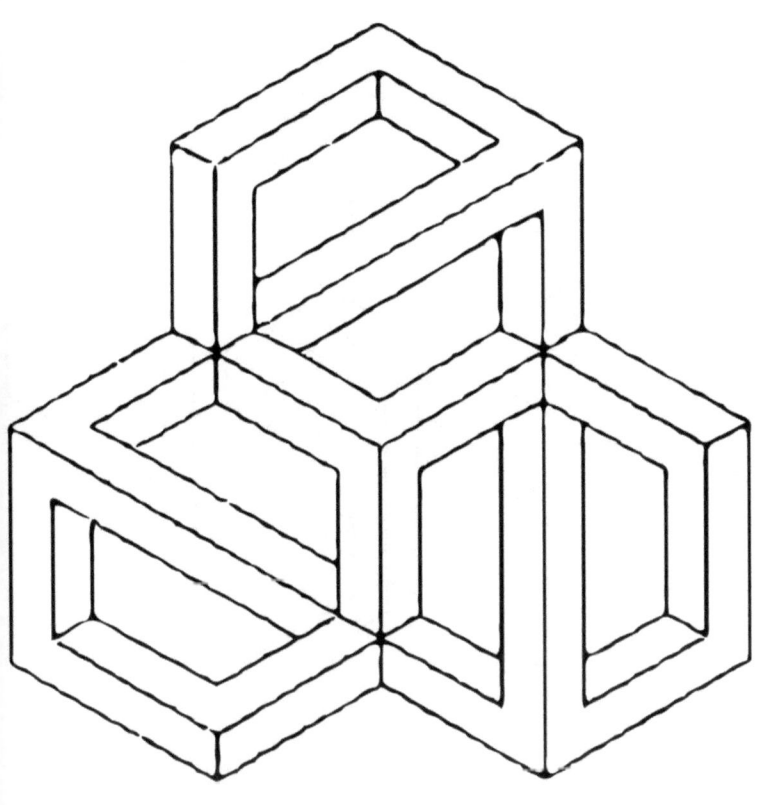

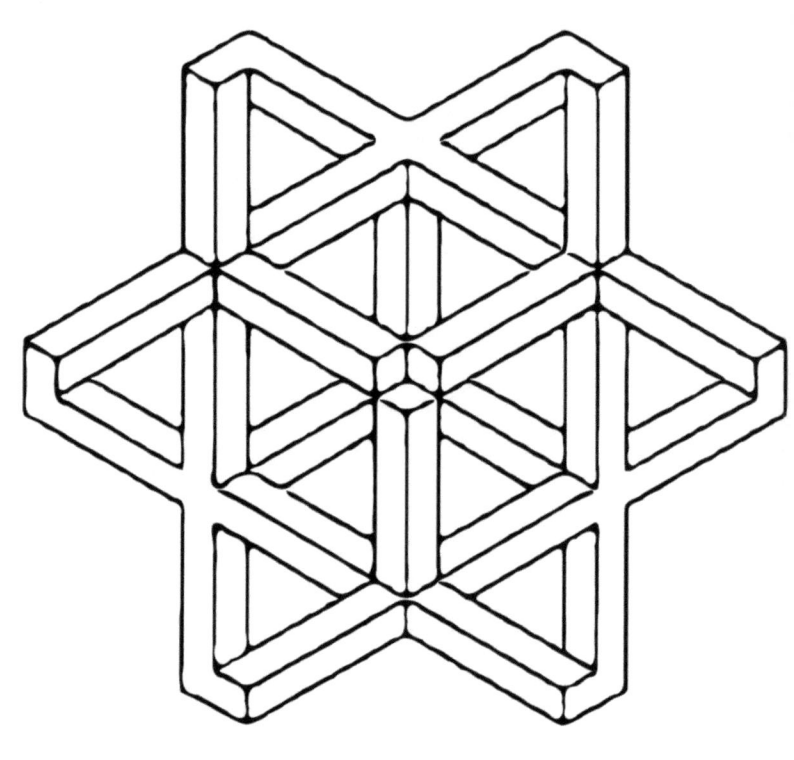

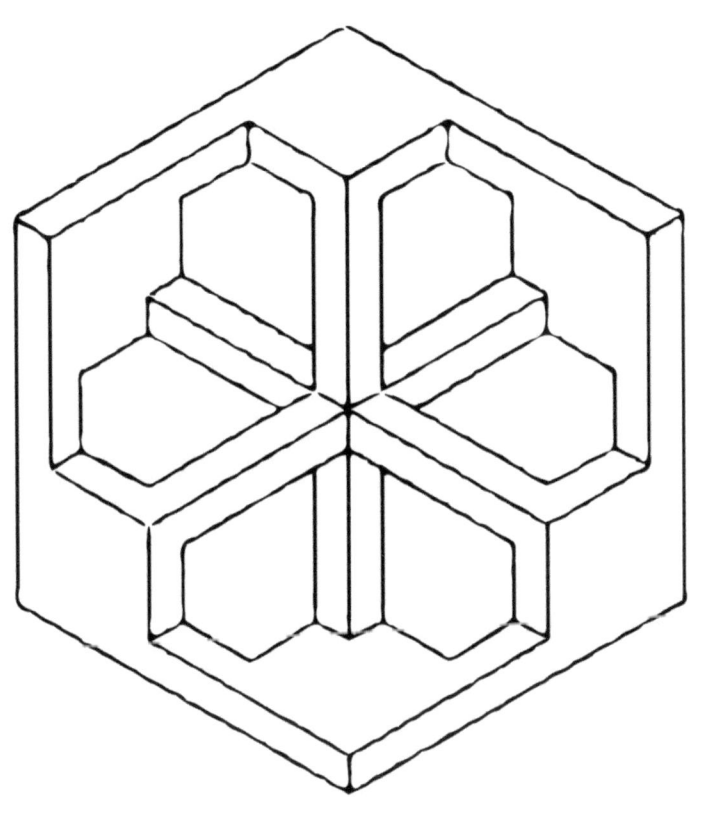

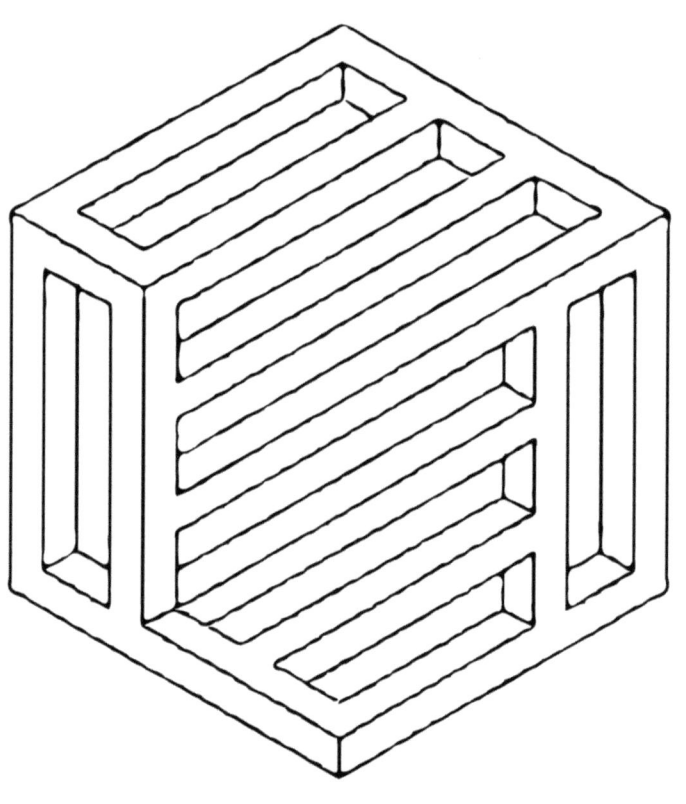

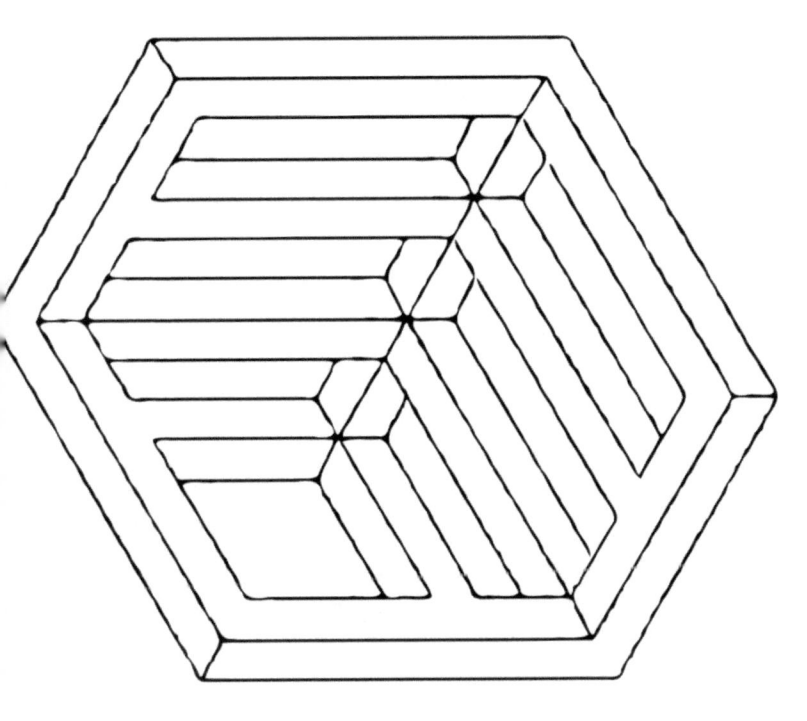

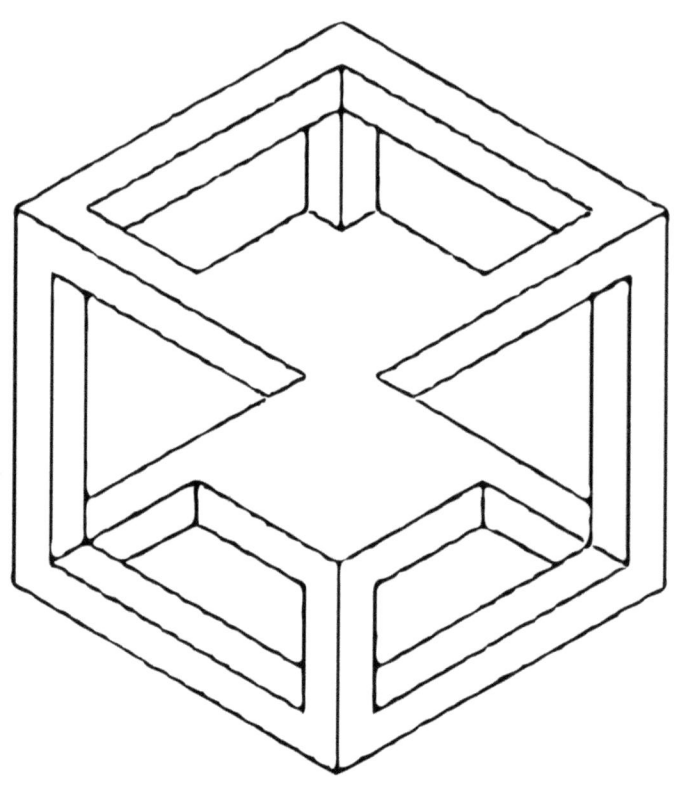

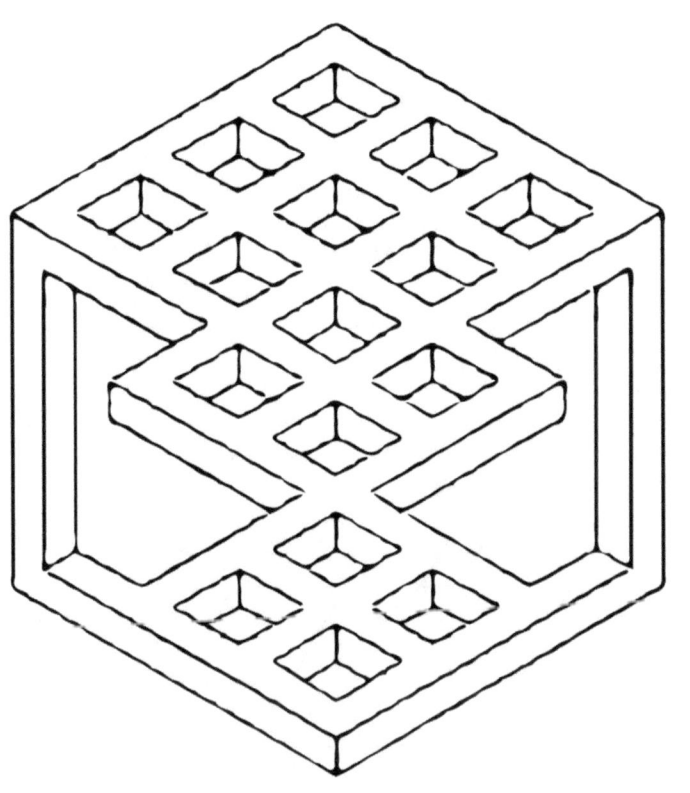

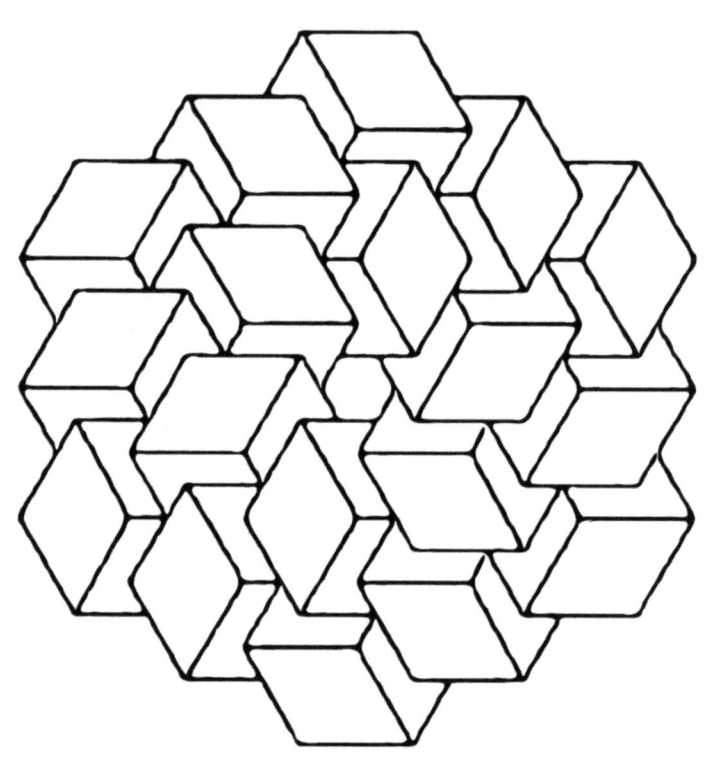

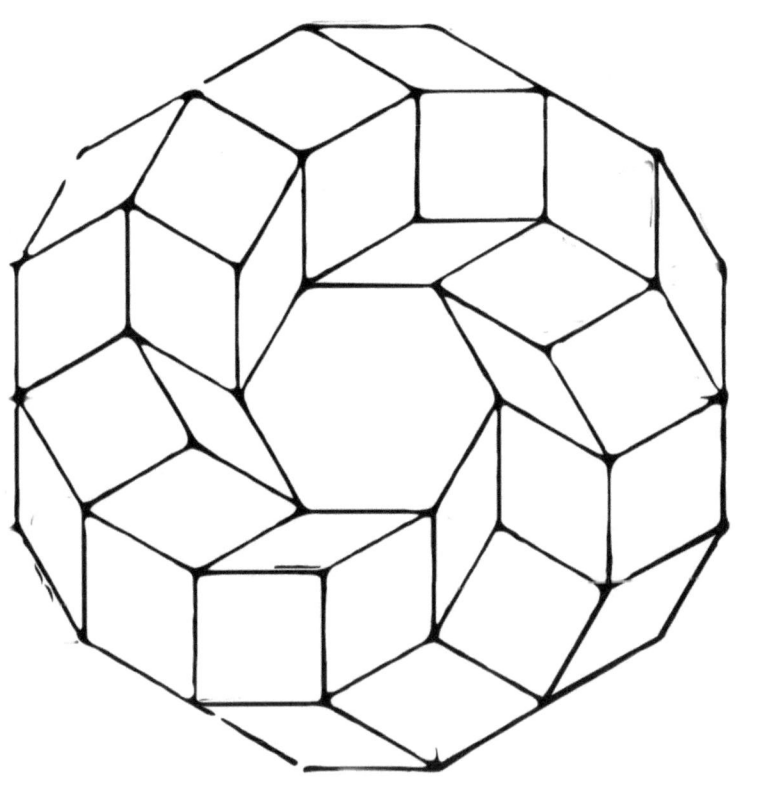

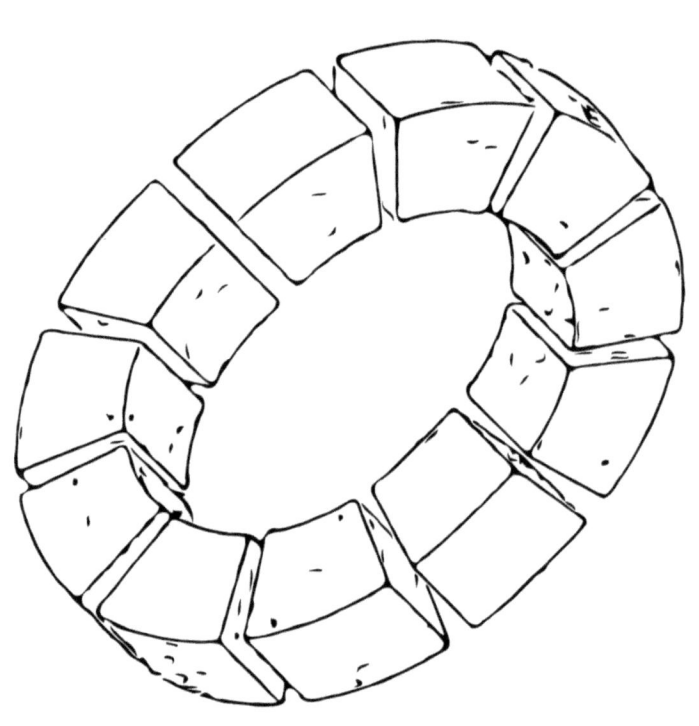

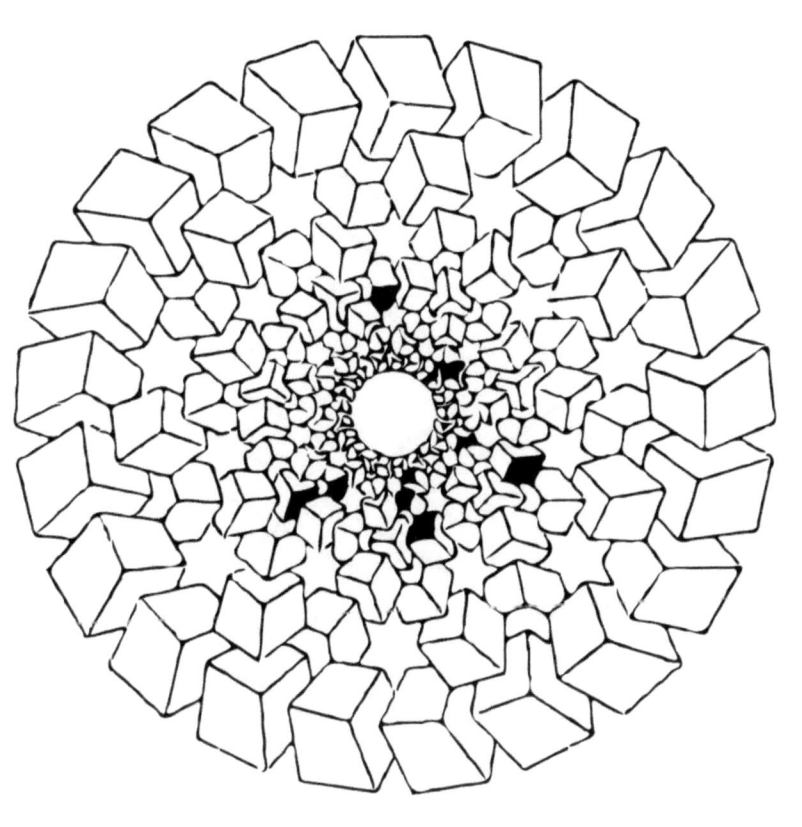

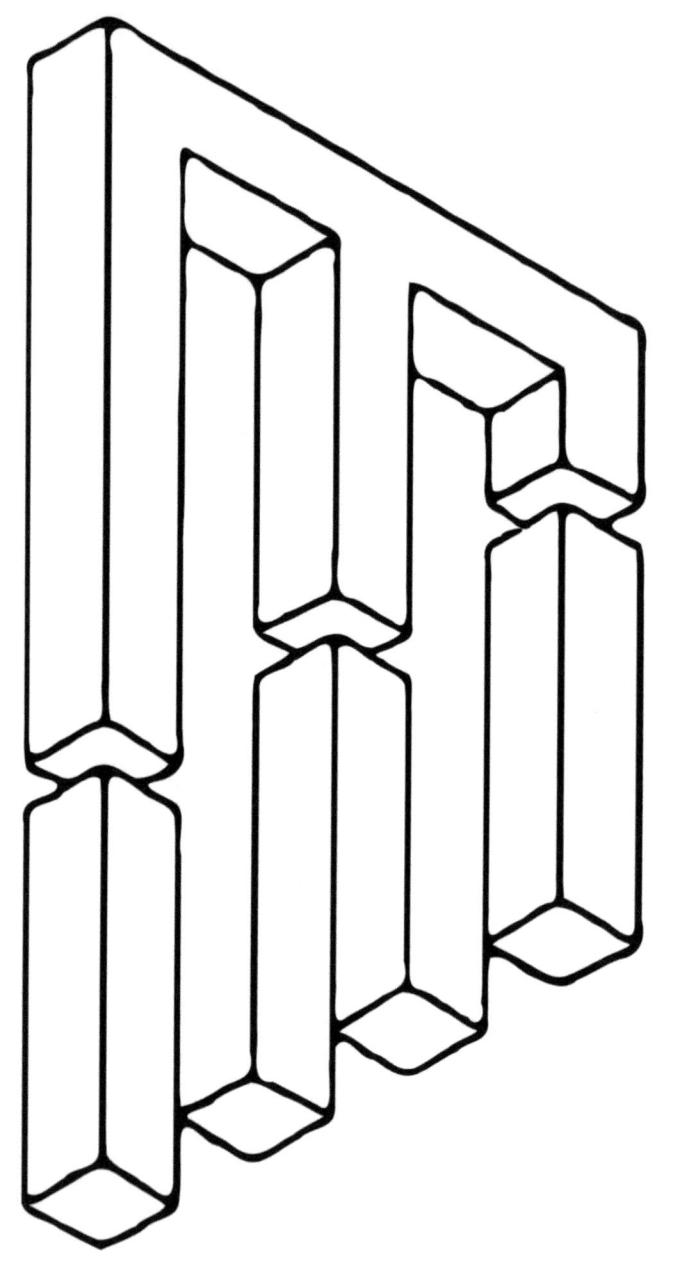

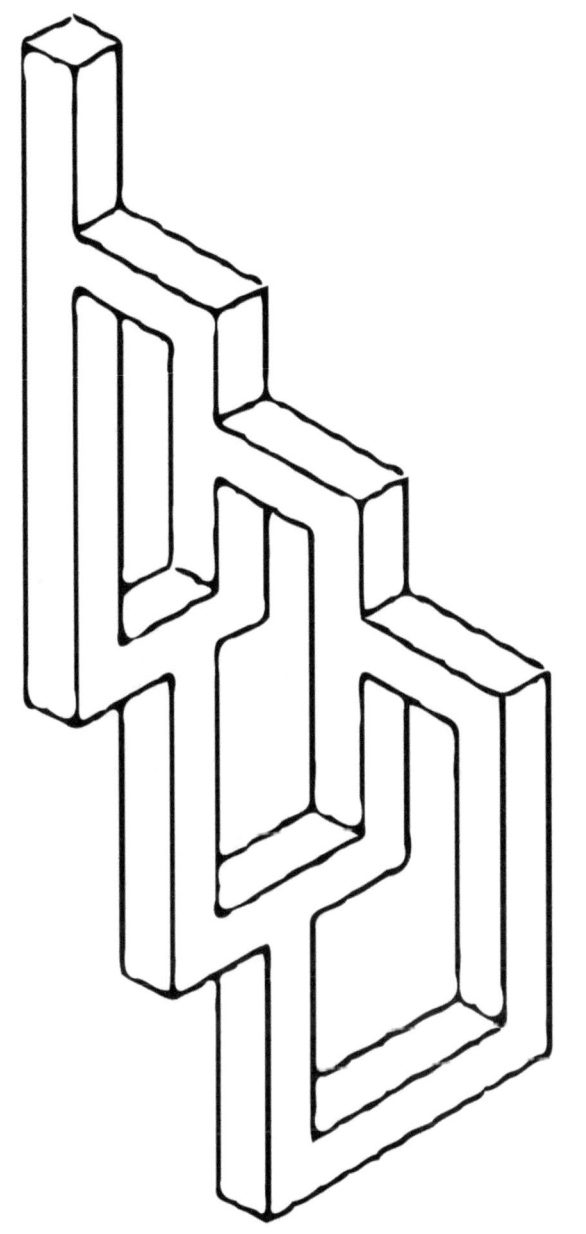

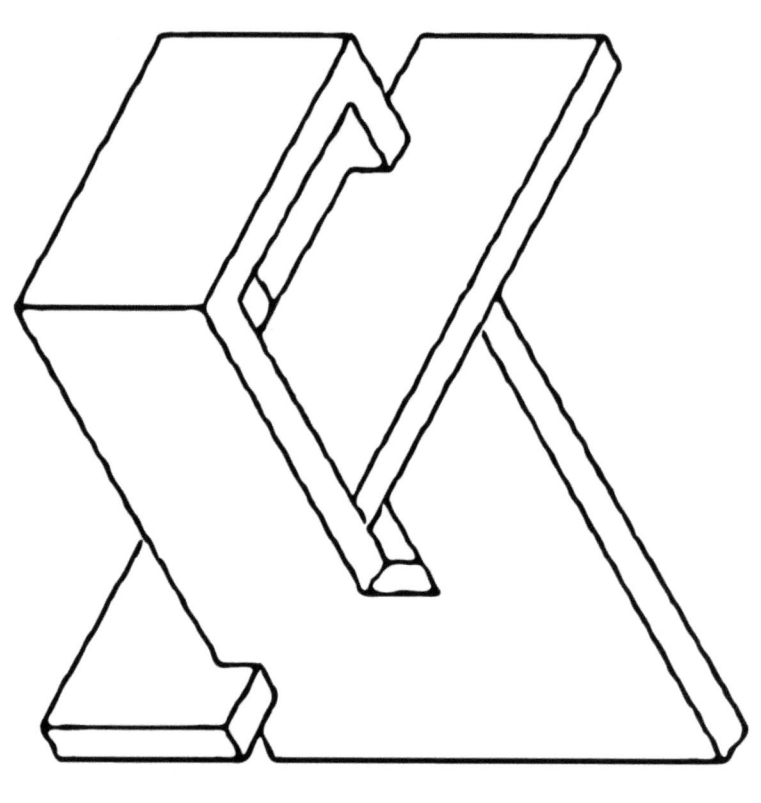

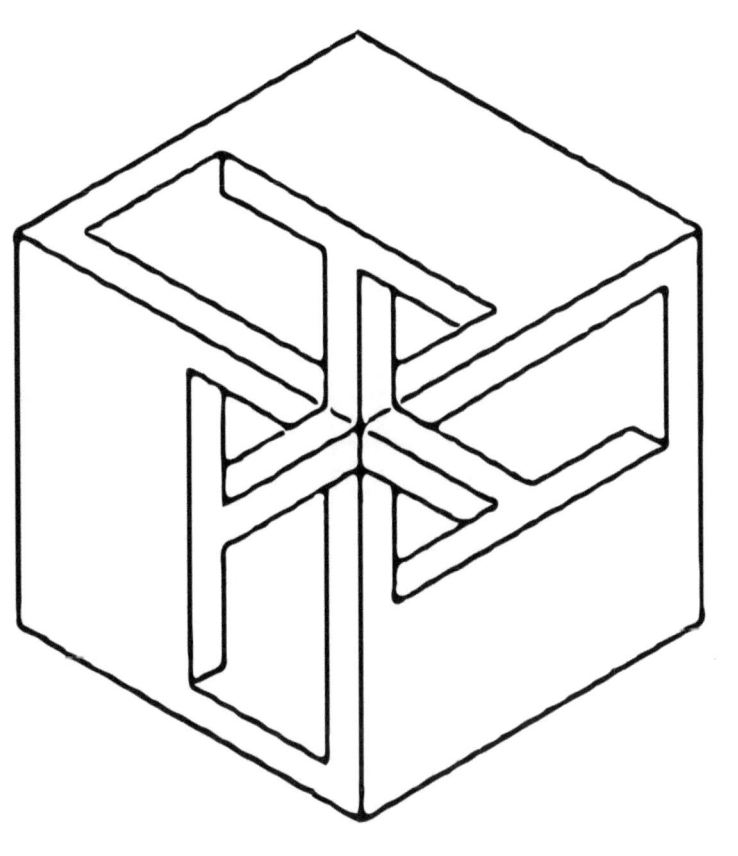

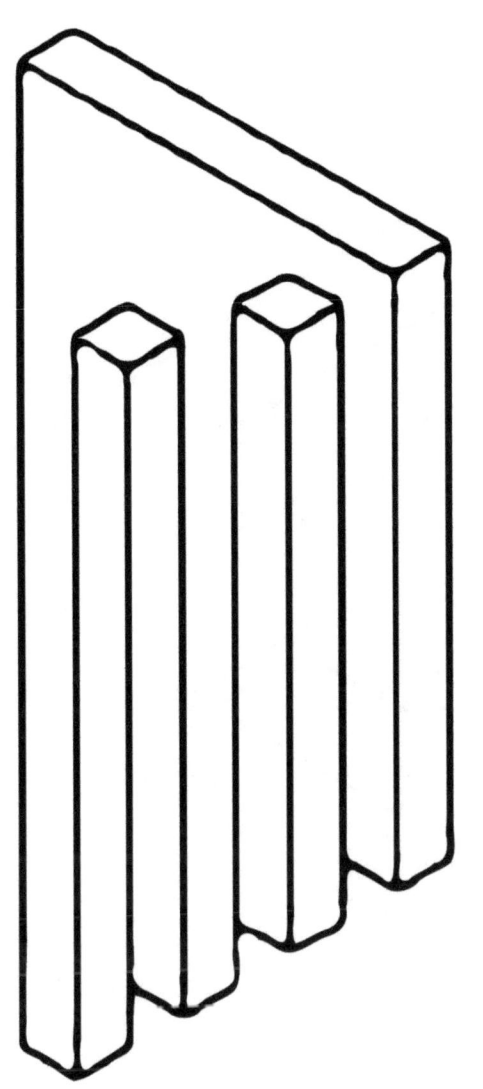

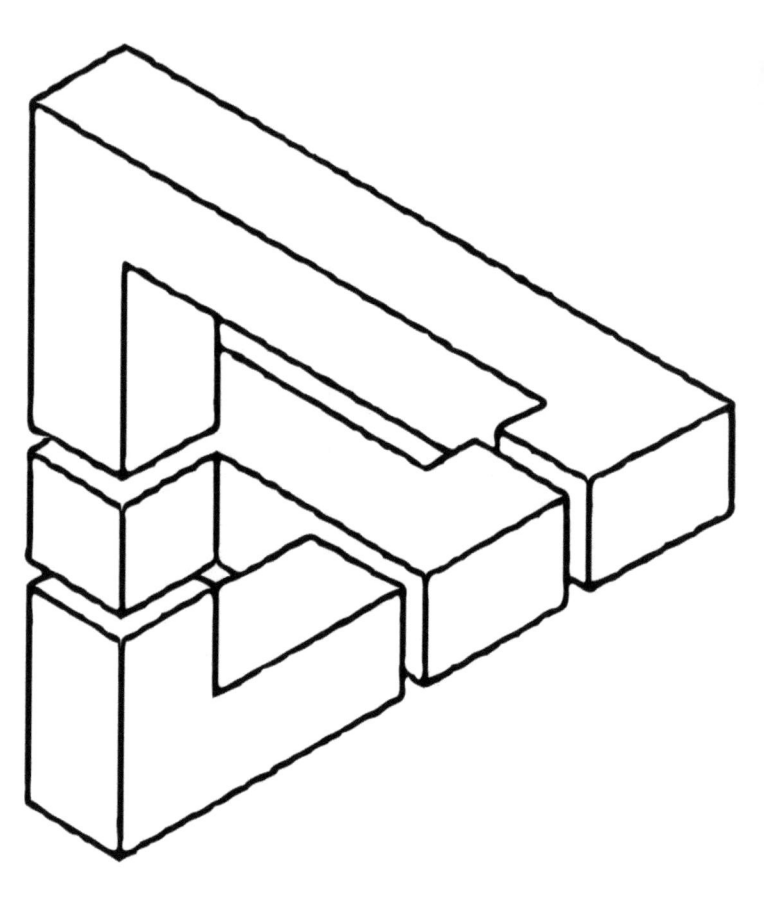

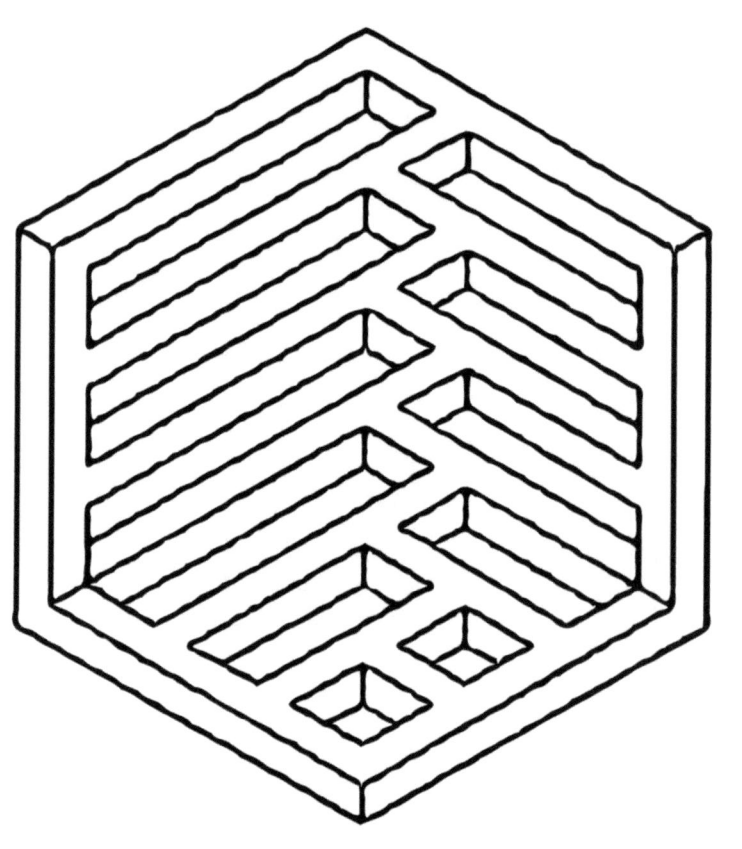

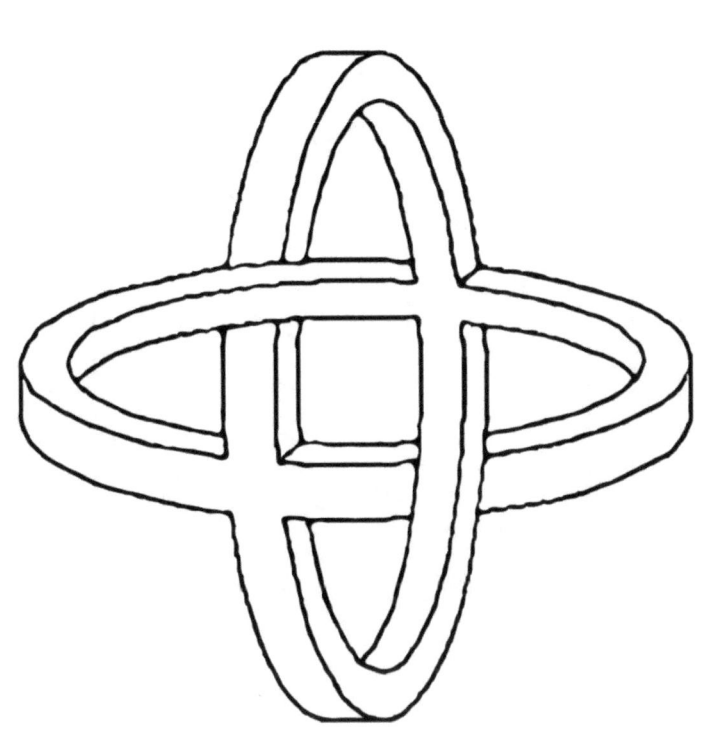

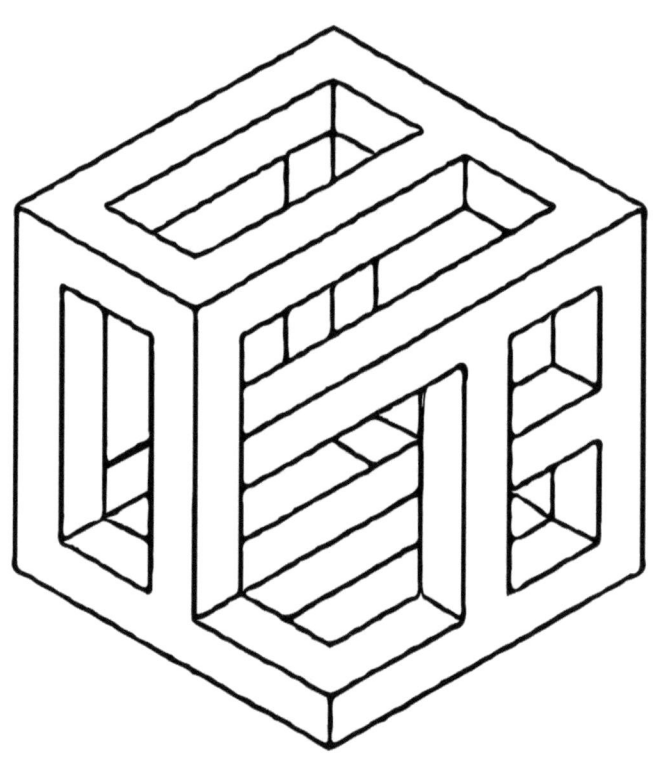

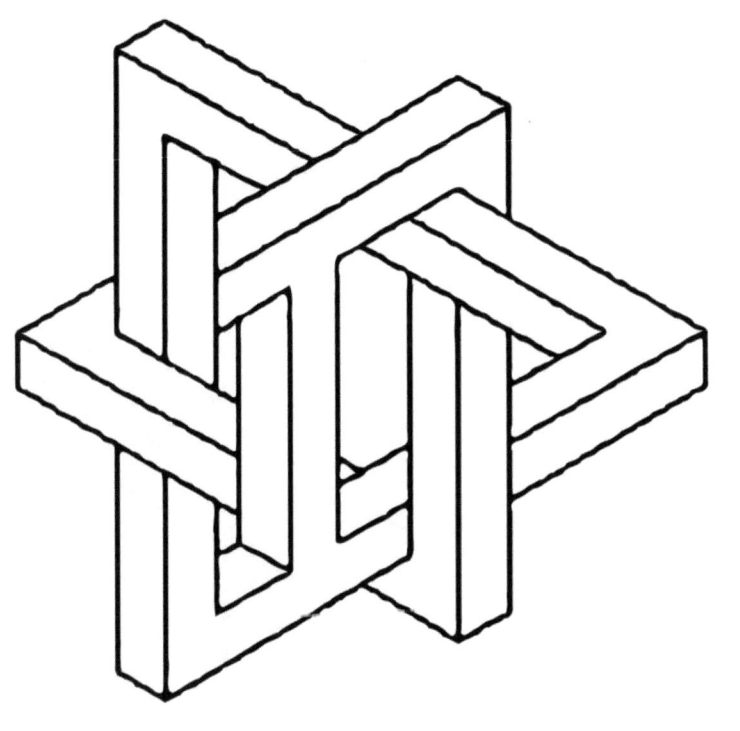

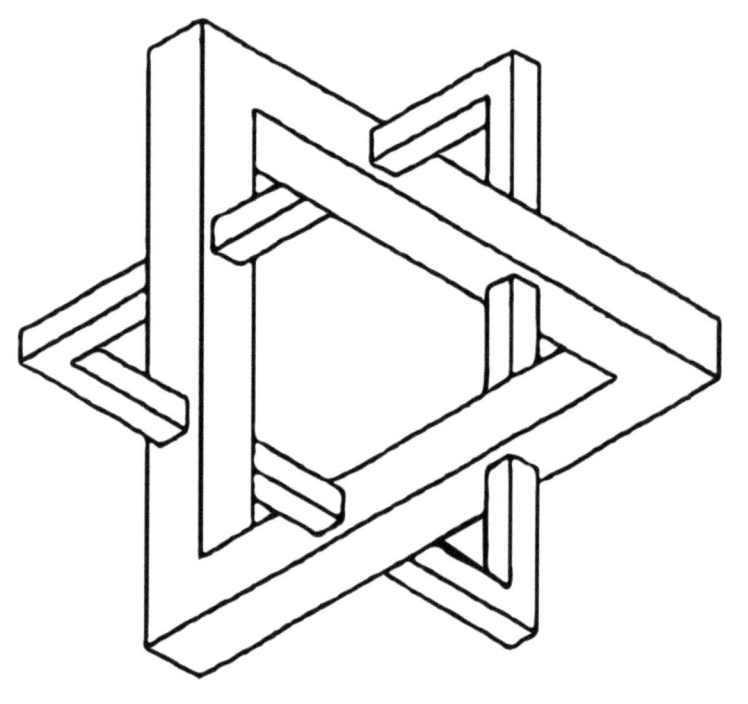

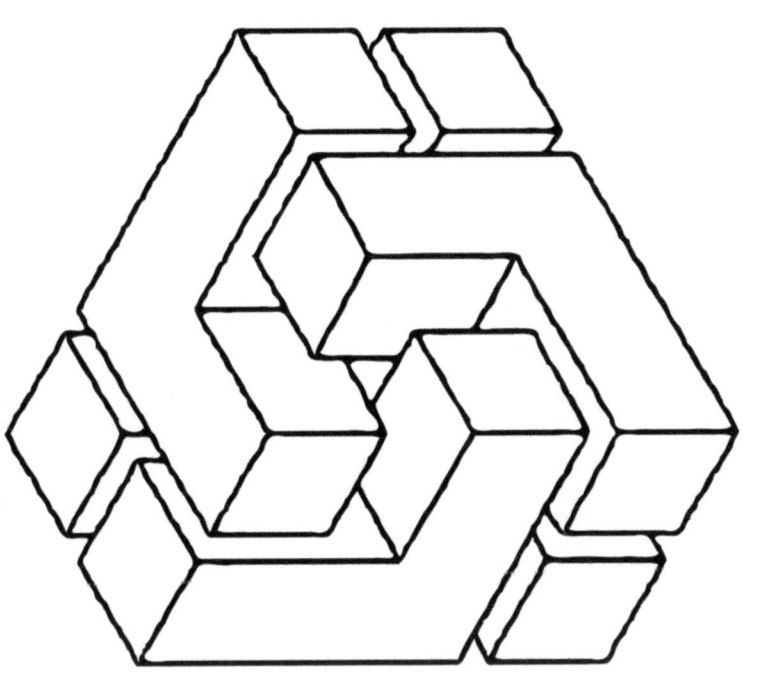

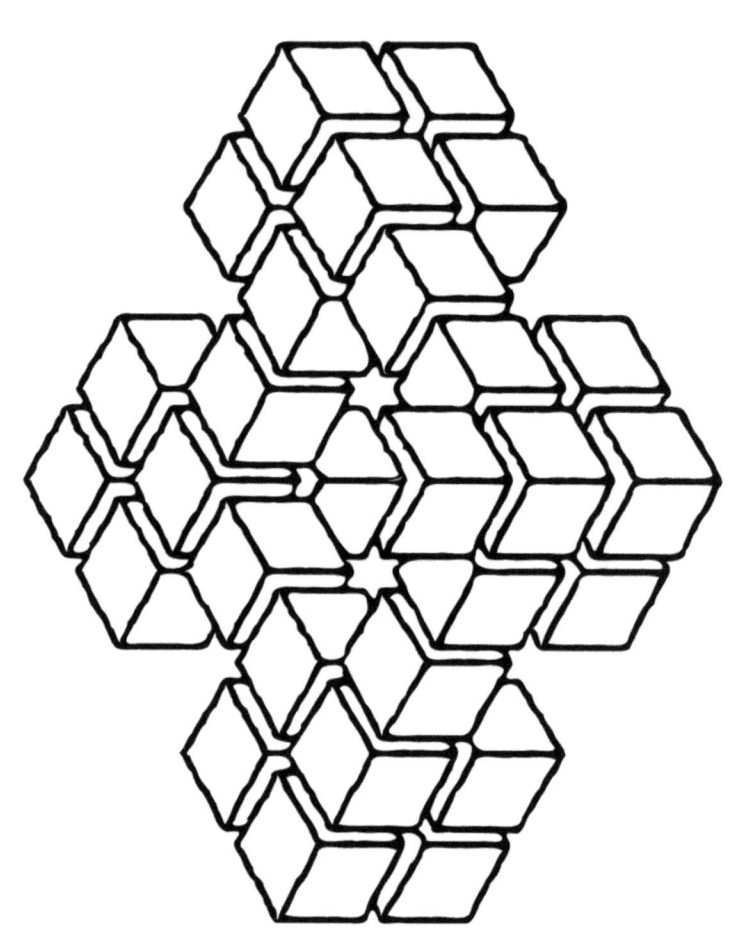

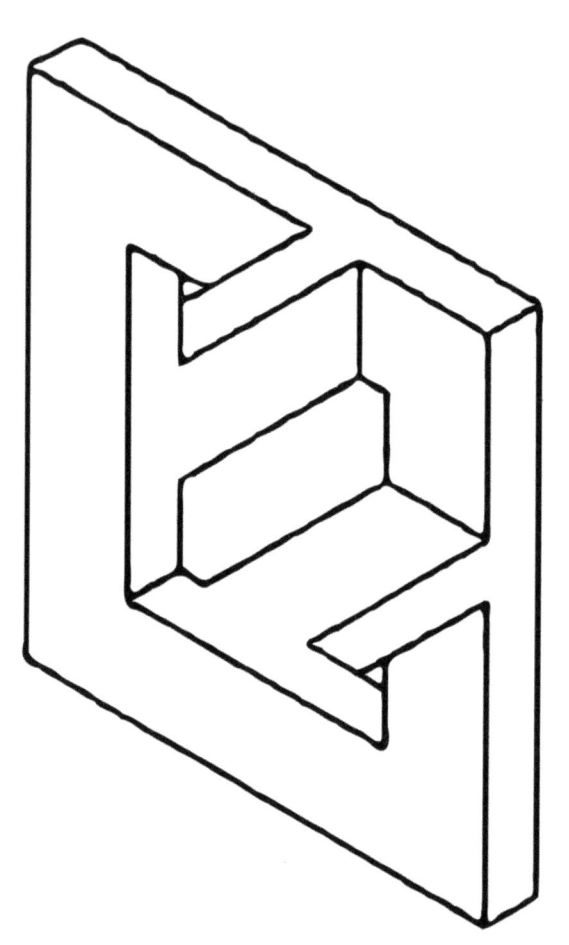

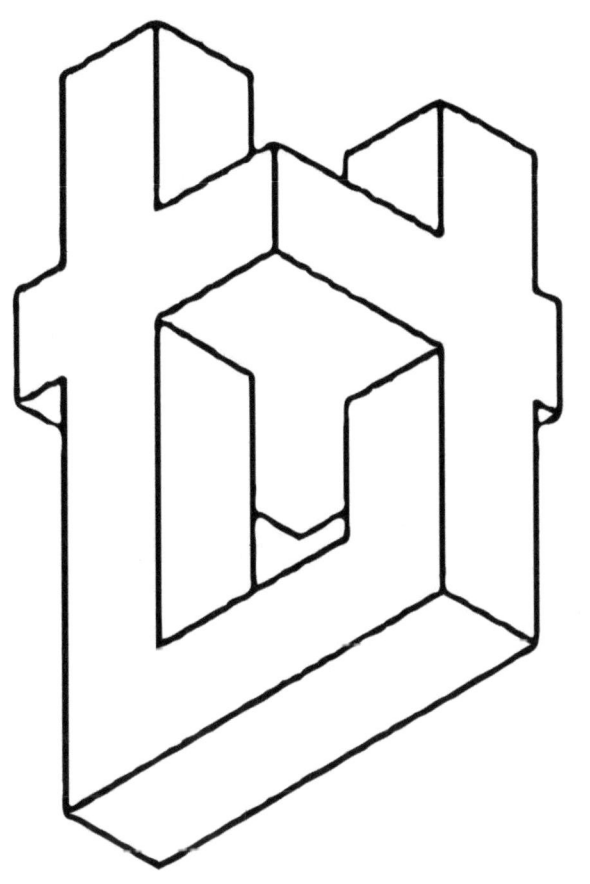

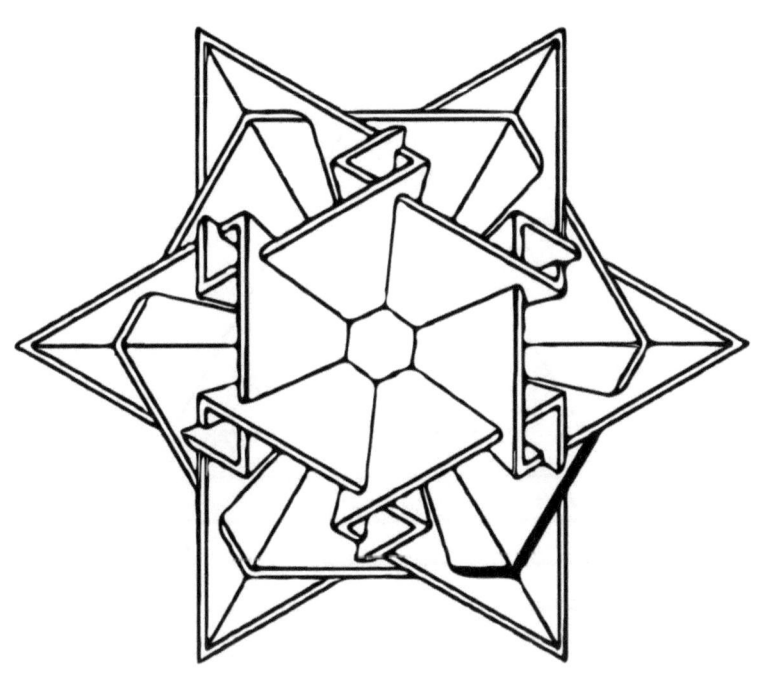

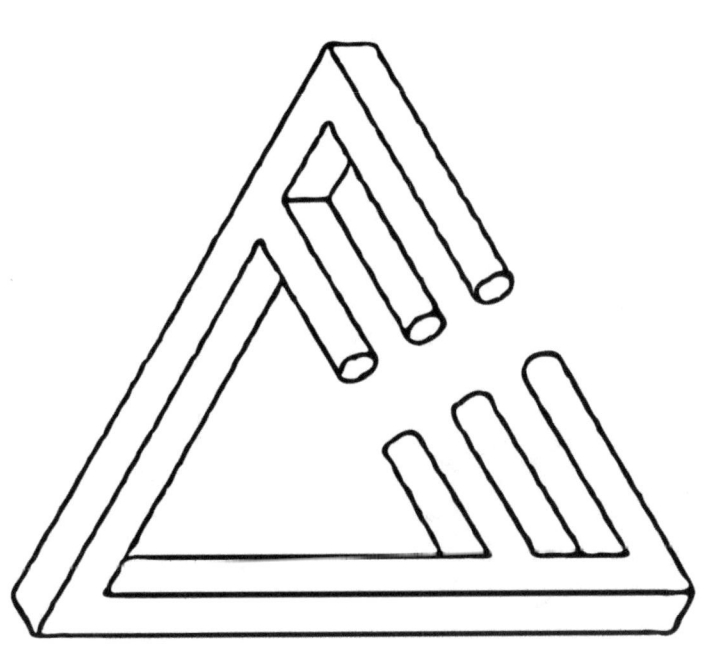

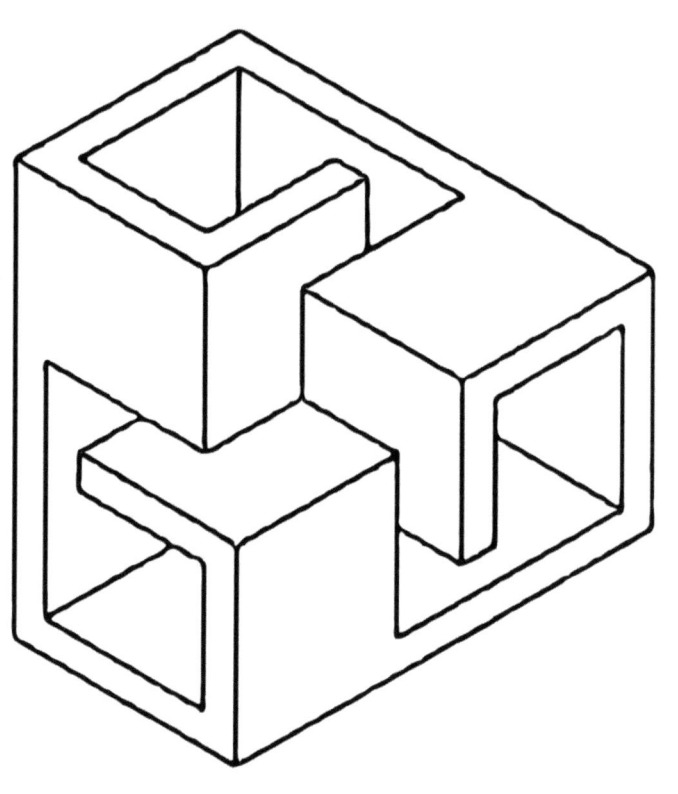

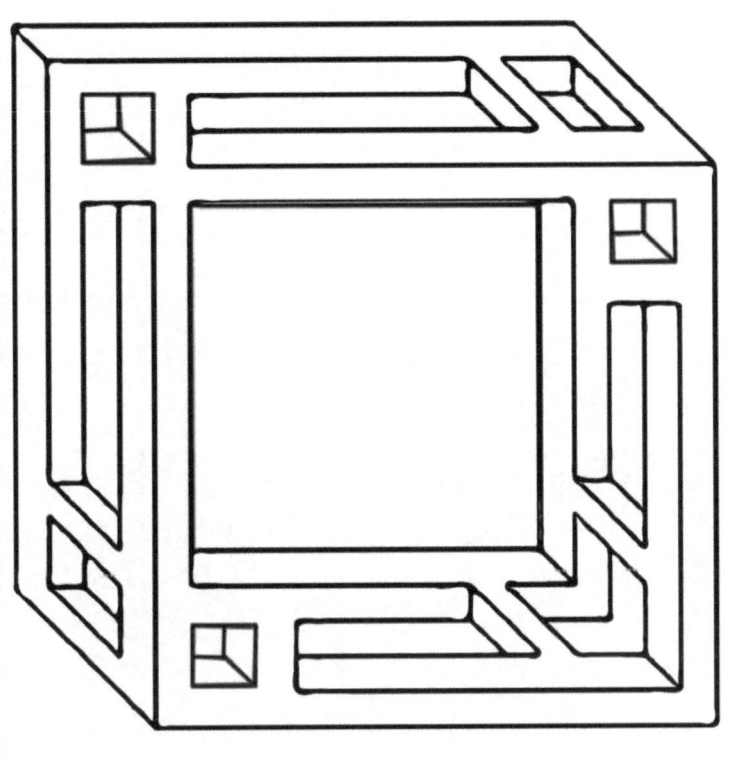

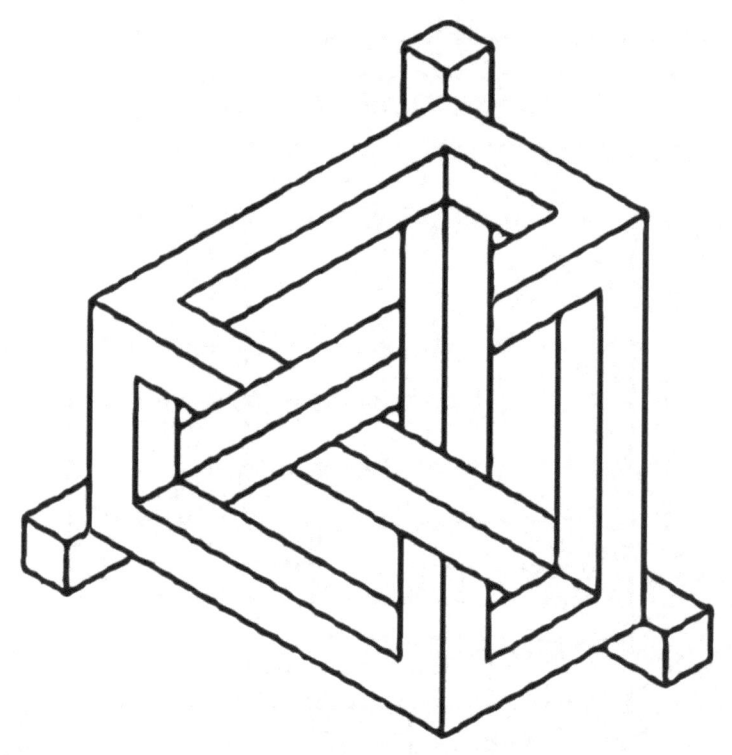

Das LSD Tattoo
und andere urbane Legenden

Die modernen Märchen, Geschichten die zu schön sind um nicht wahr zu sein.

Paperback 72 Seiten
ISBN-13: 9783755710998
7,95 €

Latein für Alle
Latein ist eine alte Sprache, eine tote Sprache, eine Sprache für Akademiker, die sich damit wichtig tun. Wozu Latein? Nun, um sich auch wichtig zu tun? Oder die Wichtigtuer zu verstehen und ihnen vielleicht sogar Kontra geben zu können.

Paperback 70 Seiten
ISBN-13: 9783755700265
7,95 €

Altes Brot

Melanie Koßmann zeigt mit 50 Rezepten, wie man altes Brot in köstliche Speisen verwandelt.
Man kann alte Brotreste in Vorspeisen, Hauptgerichten, beilagen sowie Desserts hervorragend weiter verwerten.

Paperback 110 Seiten
ISBN-13: 9783755700920
9,95 €

Das kleine Bruschetta-Buch
Die 40 besten Rezepte

Bruschetta war in früheren Zeiten ein „Arme- Leute-Essen" und ist ein italienisches Antipasti. Es gibt unzählige Variationsmöglichkeiten, von einfach bis extravagant, von traditionell bis zu Gourmet-Crostinis.

Paperback 96 Seiten
ISBN-13: 9783755701279
9,95 €

Liköre selbst gemacht

Selbst gemachter Likör ist immer ein wundervolles Geschenk aus der Küche, welches von Herzen kommt!
Wenn der Likör dann noch in der einer phantasievollen Flasche mit selbstgemaltem Etikett steckt, ist er ein echtes liebevolles Unikat.

Paperback 88 Seiten
ISBN 9 783755 715504
8,95 €

Ballonspiele

Du kennst mich schlaff, du kennst mich rund, ich mache alle Feste bunt.

Jetzt hol tief Luft und pust´ mich auf, denn spielen kannst du mit mir auch!

Paperback 72 Seiten
ISBN 9 783755 716587
7,95 €

Yi Jing Das chinesische Weisheits- und Orakelbuch

Das Yi Jing, das Buch der Wandlungen, ist in einer Sprache voller Symbole und Andeutungen verfasst. Für den westlichen Leser oft völlig unverständlich. Die Witwe Cheng hat sich selbst die Texte in knappen Versen notiert. Mit klaren Aussagen.

Paperback 88 Seiten
ISBN 9 783755 716594
9,95 €

Die 50 besten
Streichholzrätsel

Auf den ersten Blick sieht es ganz einfach aus. Und dann liegt ein Hölzchen daneben oder fehlt oder man hat sich total verlaufen. Streichholzrätsel sind immer ein kleiner Spass und wer sich mit den besten auskennt, kann immer wieder andere damit verblüffen.

Demnächst in Capt. Swings geheimer Bibliothek

An einem geheimen Ort lagert ein Schatz von Büchern, voller Staub und dem Wissen der Menschheit. Ein Team begeisterter Forscher arbeitet sich durch die Stapel. Ständig wieder überrascht von den verschiedenen Themen. Niemand weiß, was wir als Nächstes finden. Nein, eine Ordnung gibt es nicht.

www.captswing.jimdofree.com

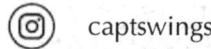 captswings

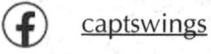 captswings

 @CaptSwings

Capt. Swings
geheime Bibliothek